HISTOIRE
DE
SAINT PRINCIPIN

MARTYR DE CHASTELOY

DÉDIÉE

AUX PRÊTRES DU DOYENNÉ DE SAINT-PHILIPPE
ET AUX HABITANTS DU CANTON D'HÉRISSON

Par M. Pierre FORESTIER,

Curé de Notre-Dame d'Hérisson, Doyen de Saint-Philippe.

Se vend au profit de l'Église de Chasteloy.

MOULINS

IMPRIMERIE DE C. DESROSIERS

1882.

HISTOIRE
DE SAINT PRINCIPIN.

HISTOIRE DE SAINT PRINCIPIN

MARTYR DE CHASTELOY

DÉDIÉE

AUX PRÊTRES DU DOYENNÉ DE SAINT-PHILIPPE
ET AUX HABITANTS DU CANTON D'HÉRISSON

Par M. Pierre FORESTIER,

Curé de Notre-Dame d'Hérisson, Doyen de Saint-Philippe.

Se vend au profit de l'Église de Chasteloy.

MOULINS

IMPRIMERIE DE C. DESROSIERS

1882.

Permis d'imprimer,

Moulins, le 24 décembre 1881.

L.-Eug. GILBERT,
Vicaire-Général.

HISTOIRE

DE

SAINT PRINCIPIN

MARTYR DE CHASTELOY

En quittant Moulins, ancienne capitale du Bourbonnais, et en se dirigeant vers l'Ouest, on rencontre bientôt la ville de Souvigny, célèbre autrefois dans la contrée par son Prieuré bénédictin, dont il reste une partie des bâtiments et la magnifique église. Au temps où les religieux habitaient encore leur couvent, outre les tombeaux des ducs de Bourbon qui y avaient leur sépulture, on trouvait aussi dans l'église les restes précieux de saint Mayeul, de saint Odilon et de saint Léger ; puis, sur le grand autel, à droite, la châsse contenant les reliques du saint martyr Principin, dont la statue, de hauteur d'homme portant sa tête entre ses mains, se voyait sur les grandes portes. Sur la châsse étaient représentés les personnages et les circonstances qui se rapportaient au supplice du saint. On montre encore de nos jours le lieu de son martyre, dans une prairie, à quelque distance de la vieille église de Chasteloy (1), près de la petite ville d'Hérisson ; nous allons y conduire le lecteur.

On s'y rendait de Souvigny, il y a quelques années, par Bourbon-l'Archambault, Ygrande et Cosne-sur-l'Œil. Maintenant, on suit la ligne de Moulins à Montluçon jusqu'à Villefranche-d'Allier, où l'on trouve une route qui conduit d'abord au grand bourg de Cosne. La route se tient à peu près à égale distance des deux petites rivières de

(1) *Castellum Oculi*, Château de l'Œil.

l'Œil et de l'Aumance qui mêlent leurs eaux au-dessous de Cosne, appelé de la première Cosne-sur-l'Œil. La rivière qui en résulte est nommée l'Œil sur les anciennes cartes, l'Aumance sur les nouvelles. A peine formée, elle s'enfonce dans une gorge sauvage et très pittoresque, où elle a alimenté jadis une papeterie, aujourd'hui en ruine, et fait mouvoir à cette heure de nombreux moulins. Tout à coup, la gorge s'élargit ; il se forme une petite vallée, et l'on se trouve en face des ruines du vieux château et de l'antique cité d'Hérisson.

Qu'on nous permette ici, sur Hérisson et sa vallée, une courte digression qui ne nous écartera pas trop de notre sujet, puisque cette vallée a vu le martyr de saint Principin dont nous avons entrepris de reproduire la légende.

Là, laissant la gorge où coule la rivière et où il n'y a jamais eu de chemin praticable, on continue à suivre la route de Cosne à Vallon, afin d'arriver ensuite à Hérisson par un court enbranchement. On aperçoit d'abord, sur la rive gauche de l'Aumance, un monticule assez considérable complétement détaché et du plus curieux effet sur lequel s'élève une chapelle appelée *Chapelle du Calvaire.* Elle devait appartenir au chapitre de Saint-Sauveur, dont nous parlerons plus bas ; vendue sans doute d'abord comme bien d'église, elle est aux propriétaires actuels en vertu d'un acte de 1825, déposé chez un des notaires d'Hérisson, et contenant une fondation.

Pour entrer dans Hérisson, on traverse aujourd'hui la rivière sur un beau et solide pont de pierre à trois arches : on devait la guéer autrefois en face de l'ancien chemin ; sur la rive droite, se trouve un moulin et un hameau appelés de là Gateuil. Le château domine le gué, le chemin de la ville et la ville elle-même. L'architecture était la même que celle des châteaux de Murat, de Billy, de Bourbon ; la chapelle était dédiée à saint Ligier, dit Nicolas de Nicolaï, et dans la basse-cour il y avait aussi une chapelle de saint Blaise, fondée par Charles Ier, duc de Bourbonnais. Il appartenait aux ducs de Bourbon ; il n'en reste plus que des ruines remarquables qui faisaient partie, ainsi que celles de Bourbon, de la succession du dernier Condé. De l'autre côté de la vallée, en face des vieilles ruines, se trouve une esplanade qui porte le nom de *Champ des Canons* ; c'est de là probablement que jouait l'artillerie qui, après la guerre de la Fronde, démantela le château ; il avait auparavant beaucoup souffert des guerres contre les Anglais, et des guerres de religion. Le chemin du gué de l'Œil ou de Gateuil, suivant l'ancien nom de la rivière, arrivait à une porte de ville encore bien conservée, et surmontée d'une niche dans laquelle la piété des habitants avait placé une statue de Notre-Dame. Au-dessus d'une autre porte, également bien conservée, et située à l'autre extrémité de la ville, la statue de Notre-Dame subsiste toujours. Ceci, et d'autres monuments authentiques, parmi lesquels la Confrérie érigée en l'honneur de Notre-Dame par le cardinal de La Rochefoucauld, archevêque de Bourges, avec bulle du Pape datée de 1745, prouvent l'ancienne dévotion des habitants de la ville envers la Très-Sainte-Vierge. Un solide rempart, flanqué de tours à des distances très rapprochées, et se reliant au château par les deux extrémités, protégeait toute l'agglomération. Ce rempart était percé de deux autres portes outre celles que nous avons citées.

Dans le milieu de la ville s'élève un antique clocher à la flèche très aigue ; c'est tout ce qui reste de l'ancienne collégiale de Saint-Sauveur fondée par Archambaud VIII au XIIIe siècle, avec 23 prébendes de chanoines et 22 vicaires. L'endroit où était l'église est devenu une place, et une route se dirigeant sur Cérilly. Cette place et des jardins s'étendant au-delà des anciens remparts sont encore appelés par les habitants *les Chapitres*. Près de la collégiale, on remarque l'ancienne maison où devaient loger les chanoines ; et, derrière ce logement, un vieil édifice affectant une forme de temple, est nommée la *Synagogue*. Y avait-il des Juifs à Hérisson? Enfin, dans le même groupe, était une chapelle dédiée à Notre-Dame, qui, jusque dans ces derniers temps, a servi d'église paroissiale. Comme elle ne répondait plus aux besoins du culte, la paroisse de Chasteloy ayant été réunie à Hérisson, on commença en 1852 l'entreprise d'une nouvelle église en dehors de l'enceinte de la ville, près des ruines du château. On força le rocher à céder l'emplacement nécessaire, et après bien des difficultés, provenant surtout du manque de ressources, le nouvel édifice fut inauguré en 1869. On ne put cependant achever le clocher ; seule, du haut de la façade, la statue en bronze de Notre-Dame tenant sur ses bras le Divin Enfant, demeure encore la protectrice de la cité. A l'intérieur de l'église, une petite châsse renferme une relique considérable de saint Mayeul. On remarque aussi, sur un vitrail représentant saint François d'Assises, l'épisode de la défense du château par François de Fougières, seigneur du Creux, en 1650, contre la traîtresse entreprise de Simon de Sausson, seigneur de Bry. Le gouverneur, l'épée à la main, commande le feu sur les traîtres avec lesquels son fils est déjà aux prises. On rapporte qu'à l'observation qui lui fut faite sur le péril où il mettait son fils, il répondit : « Qu'importe, pourvu qu'il meure au service de la France et de son roi ! » A la sortie principale de l'église se trouve le porche, qui doit servir de base au futur clocher. On descend par un escalier de trente-deux marches, dont la double rampe jusqu'au premier palier contourne les deux pilastres de la façade du porche. Le bas de l'escalier touche les anciens fossés, convertis en une promenade publique aboutissant à la rivière. La rue de la Varenne qui la longe arrive à l'hospice, dont la chapelle fut fondée avec cinq cents livres prises sur les biens du seigneur de Bry en vertu du jugement prononcé contre lui par les sieurs de Romaigné et de Dreuilly, conseiller du Roy, lieutenant-général civil et militaire en la ville et châtellenie d'Hérisson, lieutenant particulier, assesseurs et commissaires examinateurs en cette ville. Quatre cent cinquante livres furent aussi attribuées à la fondation d'un service d'actions de grâces dans l'église de Saint-Sauveur, et cent à l'autel de Saint-Principin de l'église de Chasteloy, dont nous prenons enfin le chemin.

Dominant la vallée, voici d'abord le rocher de Romié qui s'ouvrait, dit-on, à certain jour pour livrer un trésor ; une croix y fut élevée pour combattre sans doute la superstition. Puis, c'est la croix d'Ecueil, et le chemin gravit alors une rampe escarpée et s'encaisse entre des rochers qui, sur la gauche, servent de base à la chapelle de Saint-Etienne. Suivant une inscription gravée sur le marbre, à droite de la porte latérale, elle fut bâtie par un seigneur de la contrée, et dépendait de l'église et prieuré de Chasteloy, à qui elle payait certaines redevances; desservie d'abord par les moines, elle le fut ensuite par les chanoines de Saint-Sauveur. On remarque sur les murailles, dans la partie la plus rapprochée de l'autel, les figures grossières des sibylles qui ont prédit la naissance de Notre-Seigneur, et, sur l'autel même, deux petits bas-reliefs en marbre représentant l'un la naissance de Notre-Seigneur, et l'autre l'adoration des Mages.

Après quelques pas faits au-delà de la chapelle de Saint-Etienne, on aperçoit l'église de Chasteloy. On peut aussi à la croix d'Ecueil suivre la nouvelle route sur le bord de la rivière ; la chapelle de Saint-Etienne est sur la hauteur à droite, et, au premier détour, on a également droit devant soi l'église de Chasteloy. Un peu plus loin, de grosses pierres placées en travers de la rivière servent encore de passage ; on les appelle les *pierres de Saint-Principin*. C'est par là, dit-on, que le saint martyr, portant sa tête tranchée entre ses mains, et conduit par les anges, passa de la rive gauche pour monter à l'église de Chasteloy. On a toujours cru découvrir sur les pierres des traces de son sang. C'est aussi une vieille tradition qu'un marinier, conduisant un train de bois, ayant déplacé les pierres, perdit subitement la vue et ne la recouvra qu'après avoir remis les choses en état, et par l'intercession de saint Principin. Au-dessus des pierres de Saint-Principin s'élève à pic, à une grande hauteur, la masse rocheuse sur laquelle est bâtie l'église de Saint-Pierre de Chasteloy. Gravissons la rampe escarpée qui y conduit.

Avant d'arriver au sommet, à droite, au milieu de champs de vignes, une éminence s'appelle *Babylone*, et des débris de vieilles murailles portent le nom de rempart ; ce sont les derniers vestiges de la cité romaine de Cordes. Des fouilles superficielles ont fait découvrir un certain nombre d'objets d'origine romaine : les ruines de la cité ont peut-être servi à élever le château et les murs d'Hérisson. Les noms du rocher de Romié et celui de Romagné encore porté par un domaine ; ces noms viennent peut-être aussi du grand peuple. A l'entrée du petit village qui remplace la ville détruite, on remarque à gauche une maison dont la fermeture et une fenêtre sont d'antique origine. On se trouve ensuite devant l'entrée ruinée de la cour de l'ancien prieuré ; l'église est à gauche, avec un étroit passage entre les deux. Des contreforts faisant arcades forment une espèce de couloir terminé par une ouverture cintrée qui pouvait donner accès au cloître, ou aux bâtiments intérieurs du couvent. Entre le second contrefort et cette ouverture, à l'aspect du Nord, est placé le portail de l'église dont le tympan est orné d'armoiries fleurdelysées qu'on a essayé de détruire. La porte est garnie d'une serrure antique fort curieuse. L'église, de style roman, n'a que deux nefs ; comme celle qu'elle a évidemment remplacée, elle a aussi l'apôtre saint Pierre pour titulaire ; le patron du lieu est la Sainte-Croix en la fête de son Exaltation. A l'entrée de l'église, c'est la basse-nef qui se présente d'abord, terminée par l'autel de Saint-Roch ; sur cet autel on vient de placer, comme avant la Révolution, une statue de saint Principin dans sa forme traditionnelle.

C'est le 12 novembre 1881 qu'a eu lieu la bénédiction de la nouvelle statue. La cérémonie était présidée par M. l'abbé Morel, chanoine de la cathédrale de Moulins, et promoteur de l'officialité diocésaine. Un nombreux clergé, précédé d'une foule considérable, partit processionnellement à neuf heures du matin de l'église de Notre-Dame d'Hérisson. La statue du martyr, placée sur un trône de verdure et de fleurs, était portée par les hommes de Chasteloy. Sur tous les chemins et sur toutes les cîmes des rochers, on apercevait une foule encore plus considérable que celle qui suivait la vallée. Les échos se renvoyaient les airs du cantique de saint Principin et d'autres cantiques de circonstance chantés avec ardeur par les enfants et les jeunes filles, et mêlés au chant plus grave des Litanies des Saints. A un moment, couverte de la multitude qui marchait avec un ordre parfait, la rampe de Chasteloy présenta un coup-d'œil ravissant. Bientôt, l'église ne fut pas suffisante à contenir le grand nombre des fidèles. La bénédiction de la nouvelle statue ayant eu lieu, une messe solennelle fut chantée au milieu du plus grand recueillement. Après l'Évangile, le père Mangeret, mariste, devant un auditoire ému de sa parole ardente, et à la tête duquel, donnant le bon exemple, se trouvaient les principaux habitants du pays, retraça, dans un discours où il mettait toute son âme, la vie de saint Principin, et publia les gloires du martyr. La messe terminée, c'était à qui pourrait se procurer des rubans portant l'invocation du saint, des photographies de sa statue, et de l'eau de la fontaine dont il sera question plus loin. Puis, une grande partie des fidèles se remit en procession, répétant les cantiques, et accompagna le clergé dans son retour à l'église de Notre-Dame d'Hérisson. Et nous nous disions à nous-même, si l'on veut nier ici l'intervention divine, il faut bien admettre alors un plus grand miracle : celui d'un homme obscur mis à mort dans une vallée inconnue, et dont la mémoire est restée en un tel honneur au milieu de nos populations après quinze siècles écoulés.

Revenons à l'église de Chasteloy. Du fond de la nef principale, le regard est frappé par une fresque antique, représentant à la coupole de l'abside, et plus grand que nature, le Christ bénissant. Les habitants du pays disent que c'est l'image du Père Éternel sans prendre garde que cette image a les pieds et les mains percés. Autour de la figure majestueuse du Christ sont les évangélistes et leurs symboles séparément; sur des banderoles sont écrites les premières paroles de chaque évangile. Dans les entre-colonnements du fond de l'abside sont peintes à droite et à gauche les images de saint Pierre et de saint Paul. D'autres fresques représentant des saints et saintes s'aperçoivent encore sous le badigeon des murailles de chaque côté de l'autel.

L'église entière avait des peintures qui ont été salies par le badigeon, ainsi que les sculptures des chapiteaux. Il est à remarquer que le mur de la grande nef ne suit pas la ligne droite ; il prend la courbe du rocher sur lequel il s'appuie. Au sommet de la basse-nef, près de l'autel de Saint-Roch, à gauche, est l'entrée d'une chapelle du XVe siècle avec un caveau sépulchral ; les murs, ainsi que ceux de la chapelle de Saint-Principin sont entourés d'un litre funèbre couvert d'armoiries aux besants d'or ; nous en trouverons bientôt l'explication dans l'histoire du chevalier de la Roche-Otton qui fut captif des Sarasins, et racheté de cette captivité. Il reste la partie supérieure d'un vitrail qui devait être remarquable, et où l'on reconnaît encore les traces d'une Assomption. La chapelle avait dû s'élever en l'honneur de la Très-Sainte-Vierge, Notre-Dame du Rachat. Il y a encore dans l'église deux énormes pierres d'autel, et une autre dans le cimetière qui sert de pierre tombale, ce qui indique l'existence de trois autels à l'église de Chasteloy. Le dallage, en pierre presque brute, recouvre de nombreuses sépultures. Le couvent devait se trouver à l'Ouest, dans la vigne où l'on remarque la cave du prieuré, et quelques vestiges de constructions sur le rocher.

En descendant de ce côté par un sentier très rapide, on retrouve la route sur le bord de l'Aumance, et, tout près de là, sur la rive gauche, s'étend la prairie où saint Principin eut la tête tranchée pour la foi en Jésus-Christ. Nous y reviendrons tout à l'heure, ainsi qu'au château de la Roche qui s'élève un peu plus loin également sur la rive droite. La route de la rive droite arrive enfin au pied d'un monticule couvert de vignes et couronné d'un petit édifice avec un campanile qui supporte à peine aujourd'hui sa petite cloche aux sons argentins : nous sommes à la chapelle de Notre-Dame du Rachat.

Voici la tradition de la contrée sur sa fondation :

« Un seigneur de la Roche-Otton était fiancé à Yolande du Creux ; il partit néanmoins pour la croisade et devint captif. Ayant fait vœu à Notre-Dame, il fut racheté, et, à son retour, satisfaisant à son vœu, il fit construire la chapelle de Notre-Dame du Rachat sous le vocable de l'Annonciation. »

On voit encore dans la chapelle les tombes juxtaposées des deux fiancés qui, sans doute, étaient devenus deux heureux époux. Jadis, au jour de l'Annonciation, comme elles l'ont fait cette année, après une longue interruption, le jour de la fête de saint Principin, les paroisses voisines venaient à Notre-Dame du Rachat en pèlerinage. Nous avons retrouvé près de l'autel des restes de vêtements sacerdotaux. Autour de la chapelle s'étend un petit cimetière, aujourd'hui planté d'arbres toujours verts ; ce devait être un de ces lieux bénis où l'on demandait de se faire enterrer, afin de dormir son dernier sommeil bercé par les chants pieux en l'honneur de Marie, et sous sa maternelle protection. Puisse Notre-Dame du Rachat se relever de ses ruines, retrouver son pèlerinage et délivrer les âmes si nombreuses qui de nos jours sont captives du démon. A quelque distance, de grands arbres semblent terminer la vallée ; le château du Creux apparaît à demi-voilé par leur feuillage. Les traces du vieux château existent sur le bord de la rivière ; le château plus moderne en est séparé par le jardin potager.

C'est un vaste édifice qui a eu ses jours de splendeur, et, malgré son état d'abandon, il conserve des airs princiers que lui donnent son antique avenue, les beaux arbres de son parc et sa vaste cour d'honneur. C'est peut-être ici le lieu de dire que dans la chapelle du Creux, dans celle du Rachat, dans l'église de Chasteloy et dans la chapelle de Saint-Etienne on remarque des tableaux ou bas-reliefs de l'Adoration des Mages. Ne serait-ce pas là une dévotion locale rapportée de l'Orient au retour de la croisade par le seigneur de la Roche ? En remontant le cours de l'Aumance, sur la rive gauche, nous retrouvons son château en partie conservé et habité. Une inscription, gravée sur une pierre près de la porte de la cour actuelle, indique la date de sa prise par les Anglais et de sa reconstruction :

« LE PORTAL A ESTÉ ABATV PAR LES ANGLOY. L. 1375.
A ESTÉ RÉDIFIÉ. P. PIE. DE VILLVME ECVIER. S. DE LA ROCHE. L. 1673. »

Dans l'intérieur, une immense cheminée porte aussi une inscription latine tout à fait chrétienne :

« IESVS - MARIA. IOSEPH. ET ANNA FILI DEI MISERERE MEI.

Après avoir dépassé le château de la Roche, et à une petite distance, nous nous trouvons enfin dans cette prairie d'Yvray qui fut témoin du martyre de saint Principin. Nous y remarquons un petit édicule élevé sur une fontaine ; à l'intérieur existe une niche grillée contenant une statuette du saint. De nos jours, on vient encore par dévotion puiser de l'eau à la fontaine ; on s'en lave les yeux quand ils sont malades afin d'en obtenir la guérison par les mérites de saint Principin, et ce probablement en souvenir de la guérison de l'aveugle Macaire dont il sera parlé plus bas. Nous ne serions pas éloigné de croire avec Branche, *Vie des saints d'Auvergne*, que la source a jailli sous la tête tranchée et jetée à terre du bienheureux martyr. La tradition nous rapporte la même chose de l'apôtre saint Paul : sa tête tranchée par le glaive produisit trois bonds, sous chacun desquels jaillit une source ; les trois sources sont renfermées dans l'église de Saint-Paul-aux-Trois-Fontaines.

Ce que nous venons de dire a pour autorité divers auteurs qui ont écrit sur le Bourbonnais, et aussi diverses traditions locales. Nous laissons maintenant la parole à dom Marcaille, l'auteur bénédictin des antiquités de Souvigny, en son livre VI, qui a pour titre : *Vie et martyre de saint Principin, qui fut martyrisé près la ville d'Hérisson, en Bourbonnais, le corps duquel est gardé en l'église de Souvigny.*

« Saint Principin fut fils de la bienheu-
« reuse Maura, noble et très-illustre la-
« quelle, quittant biens, terre, possessions,
« honneurs mondains et patrie gothique
« infidèle et idolâtre, vint en France trou-
« ver saint Martin, archevêque de Tours,
« et entreprit ce long voyage avec douze
« siens enfants masles, et s'étant présentez
« à saint Martin, furent tous recueillis
« gratieusement et avec la charité requise,
« et ayant été instruicts et cathéchisez
« en la foy de Jésus-Christ, furent tous
« ensemble baptisez par les mains du dict
« saint archevêque de Tours. saint Martin,

« abjurants leur idolâtrie, et la fausse
« religion des payens, en laquelle ils avaient
« estés ellevez et nourris Le Roy des
« Goths, nommé Aggrippin, ayant sçeu la
« nouvelle de ce sainct changement et con-
« version admirable, en fut tellement irrité,
« qu'à l'heure il commanda à ses satellites,
« que, sans autre forme de procès ladicte
« Maura et ses enfants fussent poursuivis
« et recherchez, et aussitôt qu'ils seraient
« treuvez et appréhendez promptement, et
« sans deloy ils fussent exécutez et mis à
« mort, pour avoir faict injure à leurs dieux,
« contemnans leurs sacres et autels. Ce
« commandement inique et sanguinaire fut
« bientost après mis à exécution, car, dix
« d'entre eux furent massacrez et couron-
« nez de la couronne du martyre. Ce car-
« nage cruel fut faict en divers lieux selon
« qu'ils estaient rencontrés, comme au
« pays de Lymosin, Poictoü, Berry et ail-
« leurs. Sainct Principin fut trouvé proche
« la rivière d'Eulh, contemplant les choses
« célestes, et ruminant en soy les com-

« mandements et la loy de son Dieu.
« Enquis et interrogé par un des assas-
« sins du roy des Goths, homme forcené
« et remply de furie quel il estoit, il
« répondit franchement : « Si tu demandes
« de quelle nation je suis, tu sçauras que je
« suis de nation gothique. Si tu veux
« sçavoir ma profession, et quelle est la
« religion que j'embrasse, je publie et
« confesse que je suis serviteur de Jésus-
« Christ, Fils de Dieu, engravé et placé en
« mon cœur par la salutaire prédication du
« bienheureux sainct Martin, par la voix et
« parole duquel le Saint-Esprit a chassé les
« tenebres de péché et d'erreur de l'âme de
« ma mère, de mes frères et de moy, et
« suis plus près de mourir pour cette
« saincte foy que de retourner soubs la
« tyrannie de Sathan. » Ce bourreau et
« assassin courroucé et rendu plus furibond
« d'une si saincte réponse, tenant une
« hache, en coupa la teste à sainct Prin-
« cipin qui paracheva nonobstant sa prière
« encommencée, print et amassa icelle

« teste de sa main et la porta un long che-
« min jusques à une église dédiée à Nostre-
» Seigneur et à saint Pierre, frappa à la
« porte; estant interrogé par l'aveugle Ma-
« charius qui en estoit portier, responce
« fust donnée, et la porte fut ouverte, et
« tous deux ensemble entrent en ladicte
« église. L'aveugle s'estant frotté les yeux
« du sang du martyr, recouvra la veüe. Et
« parce que ceste histoire est en tous poincts
« miraculeuse, et surpasse l'œuvre de na-
« ture, je rapporterai mot à mot les paroles
« latines de l'autheur qui la premièrement
« escrite pour donner plus de foy et oster
« tout suject au lecteur d'entrer en doute
« d'icelle.

*« Sub brevi igitur responsionis magisterio
demontrans beatus Principinus omnem suæ
qualitatis seriem, ad acrioris iracundiæ motus
incitat spiculatorem. Qui non emollitus sim-
plicis verbi cantibus, amputat impià securi
caput ejus : quod decidens terræ, et inchoatæ
laudis, modos volens finem imponere, illud*

canticum reddit, quod post benedicamus Domino, omnis fidelis homo dicit. Subsequitur autem huic laudabili miraculo, et illud admirabile factum, quod et in beato Dyonisio credimus esse adimpletum. Nam trunci beati Principini corporis dextera manus bajulat aprehensum recisum caput : et cadaver emortuum vadit, velut vivens, per longa strata viarum. Tandem illud cadaver pervenit, angelicis deductum manibus, ad ecclesiam nomini Dei, sancti que Petri consecratam. Ubi quidam cœcus nomine Macharius solito residebat, quem advenientium elemosina pascebat; audiens vero crebros advenientis cadaveris passus, et animadvertens solo auditu frequentes ipsius ecclesiæ hostii propulsatus, interrogat illico causam quam non valet videre propter claritatem oculorum perditam. Accepto autem super interrogatam causam responso, et audito quod Principinus esset qui pro Christi nomine erat, abcisso capite, coronatus martyrio, nec super inauditam causam amplius alia replicat, nec ea fieri posse dubitat. Palpans igitur cœcus nomine Macharius, notas sibi ecclesiæ hostii fores reserat : et uterque se non videns, insimul in domum Dei intrat, iste emortuus abcisso capite, iste adhuc manens in cœcitatis caligine. Ad demonstrandum autem sancti martyris Principini meritum, dum de collo ipsius guttas sanguinis palpando cœcus abstergit, et veteranos cœcos suos oculos inlinit, denegatum priùs lumen recipit, et gaudens videre incipit. Ad antiquæ igitur morticinium proprietatis rediens Martyris Principini cadaver emortuum, in ecclesiá sancti Petri custoditur à Machario illuminato, in unius noctis termino. Manè autem facto sepelivit eum ut potuit in uno ejusdem ecclesiæ loco, ubi per multos dies manens, multas per eum operatus est virtutes omnipotens Deus.

« Soubs la teneur de ceste breve res-
« ponce, sainct Principin donnant à cog
« noistre sa qualité, quant à sa patrie et à
« sa religion, il incita le bourreau à plus
« grande cholere, lequel non gaigné ou
« esmeu par la douceur de la simple parolle
« de sainct Principin, avec impiété, d'un

« hache lui trancha et avalla la teste de
« dessus les espaules, laquelle tombant à
« terre, et voulant mettre fin à la louange
« et prière encommencée, rend et achève ce
« cantique que tout homme fidèle dict
« après : *Benedicamus Domino*. Sursuit pa-
« reillement à ce louable miracle, l'admi-
« rable faict que nous tenons pour asseuré
« avoir esté accomply en la personne de
« sainct Denys, car la main dextre du
« tronc du corps de sainct Principin pour-
« toit le chef tranché, l'ayant empoigné, et
« levé de terre. Et le corps mort marche et
« et vad par longues espaces de chemins
« comme vivant. Mais enfin ce corps mort
« conduit par les mains des anges parvint
« et arriva à l'église consacrée et dédiée
« au nom de Dieu et de sainct Pierre:
« auquel lieu un certain aveugle nommé
« Macharius résidoit et faisoit ordinaire-
« ment sa demeurance, qui estoit nourry
« par les aumosnes et bienfaicts des sur-
« venans en ceste église. Oyant le bruict
« des pas frequents du corps mort, et

« prenant garde de la seule ouye que l'on
« frappoit souvent à la porte de ceste
« église, interroge et demande prompte-
« ment la cause de ce bruict, ne pouvant
« voir que c'estoit parcequ'il estoit aveu-
« gle, et ayant reçeu et ouy responce sur
« son interrogation et demande que s'estoit
« Principin lequel ayant la teste coupée
« pour le nom de Jésus-Christ estoit cou-
« ronné du martyre. Et ne feit plus de
« réplique sur une chose inaudite et ne
« doute pas aussi que ces choses ne peus-
« sent être faictes. Doncques l'aveugle
« appelé Macharius ouvre les portes de
« l'église en tastonnant parce qu'il en
« estoit coutumier, et l'un et l'autre sans
« s'entrevoir entrent en la maison de Dieu ;
« cestuy mort, la teste avallée de dessus
« les espaules, et cestuy cy aussi demeu-
« rant aux tenebres de sa cœcité. Et pour
« monstrer aussi le merite du sainct mar-
« tyr Principin, pendant que l'aveugle en
« tastonnant essuit les gouttes de sang du
« col d'iceluy et frotte ses yeux aveuglés,

« reçoit et recouvre la veüe qui luy estoit
« auparavant deniée, et se resiouyssant
« commença à voir ; et le corps mort du
« martyr Principin, *ad antiquæ morticinium*
« *proprietatis rediens,* est gardé en l'église
« de Sainct-Pierre l'espace d'une nuict par
« Macharius illuminé. Et le matin estant
« venu, l'ensepvelit comme il peut en un
« lieu de ceste église, ou demeurant par
« plusieurs jours, Dieu tout-puissant par
« iceluy feit de grands miracles. On tient
« seurement que ledict sainct Principin fut
« martyrisé aux prez d'Yvray, proche la
« rivière d'Eulh, et porta sa teste à l'église
« de Sainct-Pierre, de Chasteloy, paroisse
« d'Hérisson, ou il guarit l'aveugle et feit
« autres miracles, en mémoire de quoy, en
« ladicte église de Chasteloy, ledict sainct
« Principin est représenté, en son image,
« portant son chef en sa main sur l'autel de
« Sainct-Roch : il vivait l'an trois cent qua-
« tre-vingts ou environ.

« On void icy plusieurs choses admira-
« bles ; premièrement un mort parler,

« porter sa teste, se tenir sur ses pieds
« droict, aller et cheminer un long chemin
« jusques à une église, frapper à la porte
« d'icelle y cherchant sa sépulture, entrer
« en icelle. Et à l'attouchement de son
« sang rendre la veüe à un aveugle. Ne
« pouvons-nous pas dire, oyans ces cho-
« ses, que Dieu seul faict merveilles quant
« bon luy semble pour faire florir sa saincte
« foy et faire honorer ceux qui se renon-
« cent eux-mêmes pour son service, et ne
« craignent d'endurer la mort pour son
« honneur et gloire. *Qui visi sunt oculis*
« *insipientium mori, sed modo sunt in pace.*
« Remercions-le de ce qu'il nous a mani-
« festé la cognoissance de tant de miracles
« pour notre consolation : Et prions ensem-
« ble son glorieux martyr de se souvenir
« de nous, et nous vouloir assister par ses
« dévotes prières, afin que par le mérite
« d'icelles nous puissions tous parvenir au
« port de salut.

« Ceste histoire est extraicte d'un gros
« livre ancien qui est en belle forme,

« auquel sont contenues plusieurs autres lé-
« gendes des Saints, lesquelles sont leües au
« service de Matines aux jours des festes et
« solennitez des Saincts en l'église et pri-
« euré de Souvigny ; et est encore ladicte
« histoire dépeincte, figurée et gravée en
« bosse bien au long, avec tous ses per-
« sonnages et circonstances, selon et ainsi
« qu'il a esté cy dessus représenté sur la
« châsse du dict sainct Principin qui est
« posée et gardée sur le grand autel du
« chœur à main dextre en entrant, et à
« l'endroict ou le roy est figuré, est escrict
« au-dessus : *Agripinus, rex Gothorum*,
« puis ou sainct Pincipin fut décapité, est
« aussi escrict : *Sanctus Principinus*, et
« près de la rivière, *oculus flumen*, et au
« lieu qui vad en montant, ou sainct Prin-
« cipin pourtant son chef en sa main,
« guarit l'aveugle, est escrict : *Sanctus Prin-*
« *cipinus, Macharius cœcus* : Et au bas de
« ladicte châsse ou sont représentez sainct
« Martin en habit d'evesque en son pon-
« tificat, et quelque autres baptizant saincte

« Maure avec ses douze enfans, ces mots
« sont escrits en teste desdicts person-
« nages : *Sanctus Martinus baptizat beatam*
« *Mauram cum duodecim filiis suis in nomine*
« *Patris, et Filii*, etc. L'image du dict sainct
« Principin est encores à l'entrée des gran-
« des portes de l'église, de l'hauteur d'un
« homme pourtant sa teste tranchée en sa
« main, avec ceste inscription au pied :
« Sainct Principin. » La feste dudict
« sainct Principin se solennize audict
« prieuré de Souvigny le douziesme jour
« de novembre, et la feste de la translation
« le sixiesme de janvier. »

AUTORITÉS

EN FAVEUR DE L'HISTOIRE ET DU CULTE
DE SAINT PRINCIPIN.

Outre l'autorité de dom Marcaille et de l'auteur latin cité par lui, des deux fêtes de saint Principin, et de son office célébré à Souvigny, de sa châsse représentant toute son histoire, de la tradition et de la dévotion constantes et si vivantes après quinze siècles, nous venons de le voir honoré cette année surtout, de Chasteloy, d'Hérisson et de la contrée environnante, nous avons encore en faveur du culte du saint martyr : *les Grands Bollandistes*, 25 octobre, *les Petits Bollandistes*, 15 et 19 octobre, le vieux Martyrologe de Souvigny, l'Office propre qui a été perdu de saint Principin à Souvigny — GONON, livre IV : *Vie des Pères d'Occident* — BRANCHES, XII novembre : *Vie des saints d'Auvergne,* 1650 — Achille ALLIER, *Ancien Bourbonnais* — LABBE, *Bibliothèque des Manuscrits,* t. II — DE RÉZIE, *Histoire des Eglises d'Auvergne* — PETIN. *Dictionnaire géographique* — DU SAUSSAY, *Martyrologe gallican* — THATELAIRE, *Martyrologe universel,* et autres Martyrologes divers, le Propre du diocèse de Tours où il est fait mention de sainte Maura et de ses fils, celui du diocèse de Bourges qui donne les noms des saints frères, il est vrai, seulement au nombre de neuf : Lupus, Benignus, Beatus, Spanus, Marcellianus, Messarius, Genitor, patron de la ville du Blanc, Principinus et Tridorius. Il est vrai encore qu'une tradition locale attribue au Blanc les corps longtemps ignorés, dit-elle, de saint Principin et de deux de ses frères, et à saint Genitor le port de sa tête tranchée, et la guérison d'un aveugle appelé Sébastien ; mais cette simple tradition ne saurait l'emporter sur nos autorités, et surtout sur la bulle du pape Clément VI, du 6 octobre 1344, citée par dom Marcaille, et dont voici le texte extrait de son ouvrage:

BULLE

DU PAPE CLÉMENT VI

PAR LAQUELLE EST RECOGNEU QUE LES CORPS DE SAINCT MAYEUL, ET SAINCT ODILE, SAINCT PRINCIPIN, ET DE SAINCT LEGIER, SONT AU PRIEURÉ DE SOUVIGNY, ET EST BAILLÉ UN AN ET UNE QUARANTAINE D'INDULGENCES A TOUS VRAYS PÉNITANS ET CONFESSEZ QUI VISITERONT L'ÉGLISE DE SOUVIGNY, AUX JOURS DES FESTES DE SAINCT LEGIER, SAINCT PRINCIPIN MARTYRS, ET DES BIENHEUREUX SAINCT MAYEUL ET SAINCT ODILE, ET DE LA TRANSLATION DUDIT SAINCT ODILE.

Clemens episcopus, servus servorum Dei, universis Christi fidelibus præsentes litteras inspecturis salutem et apostolicam benedictionem.

Splendor paternæ gloriæ, qui suá mundum illuminat ineffabili claritate, pia vota fidelium de clementissimá ipsius majestate sperantium, tunc præcipue benigno favore prosequitur cùm devotá ipsorum humilitate, sanctorum precibus et meritis, adjuvantur. Cupientes igitur ut ecclesia prioratûs de Silviniaco

Cluniacencis ordinis, Claromotensis diœcesis, in quá sanctorum Leodegarii, Principini martyrum, ac beatorum Mayoli et Odilonis confessorum corpora, sicut asseritur requiescunt, congruis honoribus frequentetur, et ut Christi fideles, eò libentiùs causá devotionis confluant, ad eamdem, quo ibidem dono cœlestis gratiæ, conspexerint se refectos, de omnipotentis Dei misericordiá, et beatorum Apostolorum Petri et Pauli authoritate confisi, omnibus verè pœnitentibus, et confessis, qui in singulis martyrum et confessorum prædictorum, ac translationis ejusdem sancti Odilonis festivitatibus, præfatam ecclesiam devotè visitaverint annuatim, aut horis canonicis et aliis divinis officiis, earumdem festivitatum, unum annum, et unam quadragenam de injunctis eis pœnitentiis, singulis videlicet festivitatum ipsarum diebus, quibus ecclesiam ipsam visitaverint ; aut horis canonicis et aliis divinis officiis interfuerint, ut præfertur misericorditer relaxamus, Datum apud Villam novam Nivernensis diœcesis 2 nonas octobris, pontificatús nostri anno secundo.

CLÉMENT, évêque, serviteur des serviteurs de Dieu, à tous les fidèles du Christ qui verront ces présentes lettres, salut et bénédiction apostolique.

La splendeur de la gloire du Père qui illumine le monde de son ineffable clarté, favorise surtout d'une bénigne faveur les pieux désirs des fidèles espérant en sa très clémente majesté alors que leur dévote humilité reçoit l'aide des prières et des mérites des saints. Désirant donc que l'église du Prieuré de Souvigny, de l'ordre de Cluny, au diocèse de Clermont, dans laquelle reposent, comme on l'assure, les corps des saints martyrs Léger et Principin, et des bienheureux confesseurs Mayeul et Odilon, soit fréquentée avec les honneurs convenables, et que les fidèles du Christ y accourent en grand nombre par dévotion, d'autant plus volontiers, qu'ils s'y trouveront réconfortés par le don de la grâce céleste. Appuyé sur la miséricorde de Dieu tout puissant, et l'autorité des bienheureux apôtres Pierre et Paul, à tous les vrais pénitents et confessés, qui, à chaque fête des martyrs et confesseurs susdits, et de la translation du même saint Odilon, visiteront dévotement chaque année, aux heures canoniques et autres divins offices des mêmes fêtes, ladite église, nous accordons miséricordieusement indulgence d'un an et d'une quarantaine des pénitences qui leur sont imposées ; c'est-à-dire à chaque jour des mêmes fêtes où ils auront visité l'église, ou bien assisté aux heures canoniques et autres divins offices.

Donné à Villeneuve, du diocèse de Nevers, le deux des nones d'octobre, de notre pontificat la seconde année (1).

(1) En langage du jour, c'est le 6 octobre 1344.

RÉCIT

DE PLUSIEURS GUÉRISONS

CHOISIES ENTRE BEAUCOUP D'AUTRES DONT ON NOUS A PARLÉ, ET ATTRIBUÉES ENCORE DE NOS JOURS PAR LES FIDÈLES A L'INTERCESSION DE SAINT PRINCIPIN.

Sœur AGNÈS des religieuses de la charité de Bourges nous a déclaré qu'un tailleur de pierres, en se livrant à son travail, avait été atteint dans l'œil droit d'un petit éclat de pierre ou de fer dont aucun médecin n'avait pu le débarrasser ; la cause du mal disparut après une neuvaine en l'honneur de saint Principin, et en baignant pendant ce temps l'œil malade de l'eau de la fontaine du saint martyr.

Marie COULON dit aussi avoir souffert des yeux dans son enfance, et avoir failli perdre la vue à l'âge de cinq ans. On eut recours pour elle à saint Principin ; on la conduisit à la fontaine, et, bien qu'elle ait encore les yeux fatigués, elle a éprouvé un grand soulagement ; tous les ans elle fait, par reconnaissance, réciter une oraison et brûler un cierge, le jour de la fête de saint Principin.

Michel Déré déclare avoir eu pendant trois ans une maladie héréditaire consistant dans un échauffement dans les mains du plus fâcheux aspect. Les soins des médecins ne lui procurant aucun soulagement, il eut recours à saint Principin, et se lava les mains pendant neuf jours dans l'eau de la fontaine. Ses mains sont maintenant parfaitement saines et guéries, et par reconnaissance, il récite chaque jour quelques prières à l'honneur de saint Principin.

C'est ensuite Marie Soudry, disant qu'à l'âge de quatorze ans (elle en a trente-huit à cette heure), elle souffrit pendant quatre mois d'une inflammation des yeux. Après beaucoup de remèdes inutiles, elle croit avoir été guérie par l'invocation de saint Principin et l'eau de la fontaine. Toute sa famille en témoigne comme elle.

Claire PACAUD déclare qu'ayant contracté une grave maladie des yeux qui durait depuis un mois, elle a été guérie par l'eau de la fontaine, l'intercession de saint Principin, et après une neuvaine de prières.

Enfin, Henriette CHAUCHARD, femme Coffin, a aussi déclaré que sa petite-fille Marie-Léonard, âgée aujourd'hui de quinze ans, a été atteint à l'âge de dix-huit mois d'une maladie de la vue qui a résisté jusqu'à l'âge de dix à onze ans aux remèdes qui étaient faits. Tous les ans les parents la conduisait à la fête de saint Principin, et lui ont lavé les yeux avec l'eau de la fontaine ; la maladie n'existe plus, et ils attribuent la guérison complète à l'intercession du saint martyr.

CONSÉCRATION

A NOTRE-DAME D'HÉRISSON FAITE PENDANT LA RETRAITE PASCHALE DE 1881.

Sainte-Vierge-Marie,

Après avoir fait amende honorable au Cœur sacré de votre divin Fils dans le sacrement de son amour pour les hommes, nous venons avec empressement et filiale confiance nous prosterner devant vous, et vous faire une consécration de cette paroisse que de longs siècles ont vu se renouveler bien des fois. Tout nous porte à croire que votre culte parmi nous remonte aux origines même du Christianisme ; il a dû y être propagé par le glorieux martyr saint Principin ; son père spirituel, le grand Thaumaturge de Tours, patron de la France, lui avait certainement appris que Marie, mère de Jésus, était aussi la mère des chrétiens, et la reine des martyrs. Nos guerriers, marchant à la conquête du sépulcre du Sauveur, emportaient dans leurs cœurs le culte de Dieu et de Notre-

Dame, et délivrés de la captivité des infidèles, ils élevaient des autels à Notre-Dame du Rachat. Notre cité s'environnait de murs et de tours pour sa défense et chaque entrée de la cité était surmontée de votre sainte image comme sa plus ferme protection. Témoin de ce culte, il y a déjà plus d'un siècle et demi, un illustre cardinal demandait au Souverain Pontife de détourner sur cette petite portion de son troupeau une partie de la sollicitude de toutes les églises; il obtenait d'ériger la confrérie de Notre-Dame d'Hérisson enrichie de nombreuses indulgences. La vieille église des ancêtres portait le titre de Notre-Dame. Quand le pasteur encore regretté voulut construire un nouveau temple, ce fut sous le même titre ; et, secondé par ses honorables coopérateurs dans l'administration de la paroisse, il plaçait au-dessus de ce nouveau temple et de la ville entière votre image bénie. O Notre Dame ! Sainte Vierge Marie ! depuis de longs siècles vous êtes notre Mère, et nous sommes vos enfants ; vous êtes Notre-Dame; nous vous appartenons, et nous en sommes glorieux. Nous renouvelons aujourd'hui la consécration de la paroisse et de la cité ; et nous désirons qu'elle laisse une trace parmi les consécrations qui vous ont été faites dans le cours des temps. Donnez-nous la fermeté, peut-être nécessaire à notre époque, de la foi des martyrs ; soyez Notre-Dame du Rachat pour ceux qui se courbent ignominieusement sous le joug du démon et des odieux infidèles de nos jours; soyez Notre-Dame d'Hérisson pour y conserver et y accroître l'esprit et la pratique du Christianisme ; obtenez du Cœur de votre divin Fils que rien ne soit distrait de votre domaine dans le temps, afin que rien n'en soit distrait pendant l'éternité, ô Notre-Dame ! Ainsi soit-il !

Que par l'intercession de la Très Sainte Vierge, du bienheureux martyr saint Principin, des saints martyrs et confesseurs honorés dans notre vallée, le Saint Sauveur nous accorde une vie chrétienne et une heureuse mort !

Ainsi soit-il !

PIÈCES DIVERSES

DÉPOSÉES AUX ARCHIVES DE LA FABRIQUE DE L'ÉGLISE DE NOTRE-DAME D'HÉRISSON, ET CONCERNANT HÉRISSON ET CHASTELOY.

DÉCLARATION des revenus de la cure d'Hérisson et du Prieuré de Chasteloy y réuni, que fait, pardevant MM. les officiers municipaux dudit Hérisson, Jean Aury, curé dudit lieu, pour satisfaire au décret de l'Assemblée nationale sanctionné par le Roy.

Le revenu de la cure d'Hérisson, et ensemble du Prieuré de Chasteloy y réuni, consiste :

1º Vient ici une nomenclature de noms de propriétés parmi lesquels nous trouvons les Chambons et la Souchère, dépendant de l'ancien chapitre d'Hérisson ; et aussi la Souchère de l'abbaye de Bussières, de Bourges (probablement Bussières-les-Nonnains, à Chazemais). Sont ensuite nommés Monchanin, le Lacq, Jeux, les Foucault, les Jardins, Romagnet, Fayolles,

les Bechets (c'est le domaine dont fait partie la prairie où saint Principin fut décapité, et où jaillit la fontaine). Ce sont enfin les Simons, les Coutiaux, Crochepault, la Grivolée, Renaud, les vignes du Brignon, Chenillet, Mitonières, les vignes des Ombres, celles situées sur la ligne droite du bourg de Chasteloy, une petite au Montet, et Rabière, sur Louroux-Hodement. Ces diverses propriétés payaient quelques redevances.

Le revenu de la dite cure d'Hérisson consiste encore :

2º Dans un petit pré, appelé du Fenil, affermé quinze livres (en face du presbytère actuel, au-dessous du Calvaire).

3º Dans un autre pré, situé dans le même territoire, du produit d'environ quatre milliers de foin (tout ce qui est au-dessous du Calvaire par conséquent). Le dit pré est chargé d'un boisseau de froment environ de cens annuel. Il a été donné par les Cherpy à la cure d'Hérisson pour l'acquit d'une fondation de six à huit services solennels.

4º Dans une locaterie, appelée le Prieuré de Chasteloy, consistante en : bâtiments, jardin, prés, vignes, terres. Le tout était affermé par mon prédécesseur cent vingt livres, et peut valoir, par les améliorations que j'y ai faites, deux cents vingt livres.

5º Dans la maison curiale, un petit jardin y attenant, et un autre plus grand situé au-delà des murs de la ville.

Le curé d'Hérisson est chargé, sur le revenu de ladite cure, de payer l'honoraire de monsieur le vicaire.

Je soussigné, certifie que l'état cy-dessus renferme le revenu de la cure d'Hérisson et du Prieuré de Chasteloy y réuni, au moins autant que j'ai pu me le rappeler, à l'exception, néanmoins, des rentes en argent dues à la ditte cure, sous le titre de fondations, dont j'ay prié M. le vicaire de faire l'extrait sur mes registres, pour le remettre certifié de lui à messieurs les officiers municipaux ; promettant de rectifier les erreurs qui auraient pu m'échaper, et de fournir à mon retour de plus grands détails s'il est besoin ; déclarant avoir remis au comité ecclésiastique de l'Assemblée nationale, copie du présent état, à Paris, le douze février 1790.

Signé : AURY, *curé d'Hérisson*.

M. Aury était député à l'Assemblée nationale. Il est mort curé d'Hérisson en 1822.

CHAPITRE des fondations en argent dues à l'église d'Hérisson.

1º Une fondation de vingt sous chargée d'une messe basse qui doit être acquittée à Chasteloy, distant d'un quart de lieue d'Hérisson, et un *Libera* à la fin de la messe qui doit aussi être dit au cimetière de Chastelois, cy . . . . 1 livre.

2º Plus une fondation de douze livres dix sols chargée d'une grand'messe le jour de l'Octave du Saint-Sacrement, exposition du Saint-Sacrement à l'issue des vêpres, et de plus, huit basses messes qui doivent être acquittées à l'hôpital de cette ville, cy. . . . . 12 livres 10 sols.

3º Une fondation de trois livres chargée de six messes basses qui doivent être dites à l'hôpital, cy. . . . . 3 livres.

4º Une fondation de cinq livres chargée de trois messes basses, cy. . . . 5 livres.

5º Une fondation de six livres chargée de douze messes basses, cy. . . 6 livres.

6º Une fondation de cinq livres chargée d'une grand'messe le jour de l'Assomption, avec exposition du Saint-Sacrement pendant tout le jour, et bénédiction à l'issue de vêpres, cy. . . . . 5 livres.

7º Une fondation de vingt livres chargée d'une messe basse tous les premiers mardis de chaque mois, cy. . . . . . . 20 livres.

8º Une fondation de six messes basses et une grand'messe le jour de la Nativité de la sainte Vierge avec exposition du

Très-Saint-Sacrement tout le jour, et la bénédiction à l'issue de vêpres. Pour l'acquittement de cette fondation, il est payé audit curé douze livres, cy. . . 12 livres.

9º Une fondation de trois livres cinq sous, chargée d'une grand'messe qui doit être acquittée le jour de Saint-Louis, cy . . . . 3 livres 5 sous.

10º Une fondation de dix livres chargée de trois grand'messes, et quarante sous que ledit sieur curé doit payer à la fabrique de ladite église, cy. . . . . 10 livres.

11º Une fondation de six livres chargée d'une grand'messe de morts avec laudes, et la veille les vêpres et vigiles, cy. 6 livres.

12º Une fondation de douze livres chargée d'une grand'messe des morts, et une basse messe de la Vierge tous les premiers mardis de chaque mois de l'année, cy 12 liv.

13º Une fondation de six livres chargée d'une grand'messe le jour de la Circoncision, avec exposition du Saint-Sacrement et la bénédiction à l'issue des vêpres qui doit être annoncée le dimanche d'auparavant, et une messe basse le 31 décembre, cy. . . . . 6 livres.

Je soussigné, certifie avoir fait exactement le relevé des fondations dues en argent à la cure d'Hérisson. En foi de quoi, j'ai signé à Hérisson, le dix mars mil sept cent quatre vingt dix.

Signé : GAUTIER, *vicaire d'Hérisson.*

DÉCLARATION

demandée aux officiers municipaux des biens appartenant à la commune d'Hérisson.

DÉCLARATION à faire par Pierre Bourdery, maire, Gilbert Collinet, Martin Guillemet, Gilbert Marchand et Gaspard Jargois, officiers municipaux, conformément à l'article 31, section 4 de la loi du 10 Frimaire, des biens appartenant à la commune d'Hérisson.

1º La tour de l'horloge, très mauvaise, appuyée sur les murs de ville, et les joignant de trois parts, et d'autre, la cour du citoyen Sarraud, perruquier, évaluée 3 deniers de revenu.

2º Une maison, cour et dépendances, située près les murs de la ville, les joignant d'orient; de midi, la maison de la citoyenne Duceau ; d'occident la grand'rue tendant du pont à l'église du ci-devant chapitre, et de bize, la maison de la citoyenne Belin, de revenu de vingt-sept livres.

3º Une maison, cour, écurie, intrà murosse (*sic*), couverte à tuille, servant de ci-devant presbytère, appuyée et joignant les murs de ville de midy ; d'orient, la rue venant de la rivière d'Oil allant à la place de la ville ; de bize et occident, les bâtiments, cour et jardin du citoyen Charles Huguet du Lys, prêtre, et un petit jardin dépendant de la ditte maison extrà murosse (*sic*), renfermé de murs, joignant de Bize les murs de ville, et des autres parts, la rivière d'Oille, chemin entre deux ; étant de revenu de trente-six livres.

4º Enfin, un jardin situé près les murs du château, extrà murosse (*sic*), à semer environ deux coupes de chenevis, joignant d'Orient, le jardin du citoyen Claude Rollin; de midy et occident, les murs du château, et de Bize le chemin venant de la porte Cyvray à la Girouète et à Piraveau, de revenu de huit livres.

DÉCLARATION de M. Aury, curé d'Hérisson, aux Officiers municipaux.

(Du 12 Germinal, an II.)

Citoyens,

Je suis dans le cas de l'exception portée au 1er article de l'arrêté du représentant Vernerey, relativement aux ci-devant curés et vicaires, puisque je possède dans la paroisse aux moins dix arpens de terre ; en conséquence, je suis déterminé à continuer mon séjour dans cette commune, trop de liens m'y attachent pour ne pas profiter avec joie de la facultée qui m'est accordée. Mais, citoyens, d'après l'arrêté, je sens que je ne puis occuper le ci-devant presbytère au même titre que précédemment, et que, si j'y continue mon habitation, ce ne peut-être qu'à titre de loyer. Je vous demande en conséquence qu'avant que je sois forcé de prendre un parti ultérieur, il soit affiché en ferme, parce que je ne suis point exclu d'y faire des mises, et que, s'il m'était adjugé, je n'aurais pas le désagrément d'un déplacement pénible et dispendieux.

Quant à l'héritage du Fenil qui m'avait été accordé pour me tenir lieu de jardin, je crois d'abord y avoir moitié comme colon, et ensuite portion comme usufruitier jusqu'à la date de l'arrêté qui me destitue de mes jouissances précédentes ; un arrangement à cet égard ne peut pas éprouver de grandes difficultés, on sait les dépenses que j'ai faites pour le mettre en culture.

Relativement au jardin que je possède au-delà de la porte des Landes (1), je le

---

(1) Dans une autre pièce relative au même jardin, M. Aury appelle cette porte, porte Moussat

regarde comme ma propriété personnelle, en vertu de la concession qui m'en a été faite par le cy-devant bureau des finances de Moulins, en date du 13 décembre 1780 (vieux style). Je m'offre de produire le titre et un mémoire à l'appuy.

Signé : AURY.

DEMANDE DE DÉCHARGE, par *M. Offroy, curé*,

Savoir :

1° D'un titre donné par Léon, cardinal de Gesvres, et qui autorise M° Gabriel de la Grange, doyen du chapitre d'Hérisson, à bénir la chapelle de Notre-Dame pour y célébrer les offices divins de la paroisse, sous la condition que ladite chapelle ne sera regardée que comme une aide matrice de Chateloy, le sept décembre 1725. L'acte de la bénédiction est dans les registres de l'année ci-dessus. (Note de M. Berthon, curé prédécesseur de

M. Aury, curé d'Hérisson, avant M. Baffier, lequel a précédé M. Offroy, mon prédécesseur à moi-même.)

2º D'un titre en parchemin qui joint les revenus de Chateloy à la cure d'Hérisson, donné par Mgr Frédéric Jérôme de Larochefoucault, archevêque de Bourges, le 14 août 1748.

3º De plusieurs autres papiers de l'administration de la fabrique d'Hérisson entre autres deux registres, M. Offroy, disant, du reste, que beaucoup d'autres papiers intéressants se sont égarés à la succession de M. Baffier.

Voici, d'après Nicolas de Nicolay, quels étaient en 1569 les noms des Chanoines et des Vicaires du chapitre d'Hérisson :

MM. Estienne des Chappettes, doyen, Geoffray de Chazauvert, Blaise de Beauregard, Gilbert d'Enay, Gilbert de Favières, Noël Resmoin, Jehan de Bobiers, archiprêtre, Jehan de Bobiers, son neveu, Jehan Hugues, Joseph Boullotte, Jehan Guillemin, Gilbert Grandjehan, Estienne l'Adverty, Denys Maignard, Charles Michel, Phelippe Manceau, le précepteur, le maître des enfants de chœur, Frère Jacques de Mauvoysin, prieur de Sainct-Heloy en la paroisse de Chasteloy, chanoines.

MM. Gilbert Cante, Jacques Au Maistre, Jehan Gouzard, Pierre Chappuis, Pierre de Venax, Jehan Lulier, Jehan Chambon, Claude Pellerin, Jehan Poucher, Pierre Grandjehan, Denis Bernard, Jehan Saulgière, Jehan Giraud, Jehan Labouret, Denis Michellat, vicaires.

Le Prieuré de Saint-Pierre de Chasteloy, à la collation de l'abbé sainct Ciran en Brenne (1), était possédé par Frère Jacques de Mauvoysin ; et la cure dudit Chasteloy de la même collation, et d'institution de l'archevesque de Bourges, par Me Estienne de Chappette, doyen d'Hérisson.

(1) Saint Siran ou Ciran, auparavant Lonrey, monastère du pays de Brenne, dans le Berry. Brenne, (*Briona Silva*) pays ou contrée du Berry, province de la Tourraine, entre les rivières d'Indre et de Creuse (GIRY, *Vie des Saints*).

CANTIQUE
EN L'HONNEUR DE SAINT PRINCIPIN

1. De Maura, de ses fils, Chrétiens chantons la gloire; Honneurs, plaisirs, patrie, ils avaient tout quitté. Des palmes en leurs mains rappellent leur victoire; Ils triomphent aux Cieux, pendant l'Éternité.

II.

L apôtre saint Martin dans leur esprit docile
Avait gravé la foi, le culte du Seigneur ;
Vers leur peuple payen ils portaient l'Évangile,
Et Satan menacé rugissait de fureur.

III.

Plusieurs fils de Maura dans la forêt sauvage
Ont déjà succombé sous les coups des bourreaux;
Principin se dérobe, et dans un ermitage
Habite aux prés d'Yvrays où l'Œil roule ses eaux.

IV.

Mais lui-même est bientôt saisi par un sicaire;
Il confesse le Christ et subit le trépas;
En tombant néanmoins il finit sa prière;
On l'entend murmurer le *Deo gratias*.

V.

Joint à ce premier fait suit un fait plus étrange,
A terre le martyr prend sa tête en sa main,
Se relève, et soudain va, guidé par un ange,
Et jusqu'à Chasteloy parcourt un long chemin.

VI.

L'aveugle demeurant à la porte du temple
Ouvre, entend Principin qui le suit au saint lieu;
Puis, recouvrant la vue, avec foi le contemple,
Et le veille une nuit sous le regard de Dieu.

VII

Là, pendant de longs jours ce fut un long prodige
Accompagnant celui de l'aveugle guéri;
La gloire du martyr laisse un profond vestige
Empreint sur notre sol, où son culte a flori.

VIII.

Du martyr Principin le corps levé de terre
Est mis pieusement dans la soie et dans l'or ;
Edifice sacré, plein d'ombre et de mystère,
O fille de Cluni, tu gardes ce trésor !

IX.

Mais écoutez la voix du Pontife suprême,
Au nom de Principin Dieu répand ses bienfaits ;
Contrits et repentants, d'un père qui vous aime
Ayez le souvenir dans vos cœurs à jamais.

X.

Grand saint, du haut des Cieux garde avec Notre Dame
A ce peuple chrétien, dont tu sais le désir,
La foi des anciens jours qui soutiendra son âme
Au milieu des combats si Dieu le veut martyr.

Moulins. — Imprimerie C. Desrosiers.

$\int$

EN VENTE A LA LIBRAIRIE C. DESROSIERS

Mois de Marie, par M. l'Abbé Mourlon.

Édition de luxe in-32 jésus, avec un charmant entourage
de couleur et gravure en taille-douce, broché . . . 2 fr. »
Relié en toile bleue, tranche blanche . . . . . 3 »
En chagrin couleur, 1er choix . . . . 7 »

ÉDITION PETIT IN-32.

Broché . . . . » 80
Relié toile 1 25

L'Ange du Fidèle, livre de première Communion et de Mariage, par le même Auteur.

Un volume grand in-32, orné d'un entourage en couleur
et de gravures en chromo. — Broché, 2 fr. 50 — Reliures
soignées depuis 7 fr.

Petit Mois du Sacré-Cœur de Jésus, par l'Abbé G. Brunet.

Prix . . . . . . 1 fr. »

Histoire de Saint Mayol, *Abbé de Cluny*, par l'Abbé J. Ogerdias, curé de Souvigny, chanoine honoraire.

1 volume in-12 . 5 fr. »

AUX OUVRIERS QUI TRAVAILLENT LE FER ET LES MÉTAUX

Saint Éloi (588-659), par M. l'Abbé J.-J. Moret, curé de Montvicq.

1 volume in-12 . . 1 fr. »

AUX OUVRIERS ET AUX SOLDATS

Sainte Barbe, *patronne des Mineurs et de la Bonne Mort*, par le même Auteur.

Prix . . . . . . 1 fr. »

L'Abbé Mourlon, *Chanoine de la Cathédrale de Moulins* — SA VIE ET SES ÉCRITS — par Amédée de Margerie, doyen de la Faculté catholique des Lettres de Lille, ancien professeur de Philosophie au Lycée de Moulins.

1 volume in-18 jésus de 494 pages. — Prix . . . 4 »

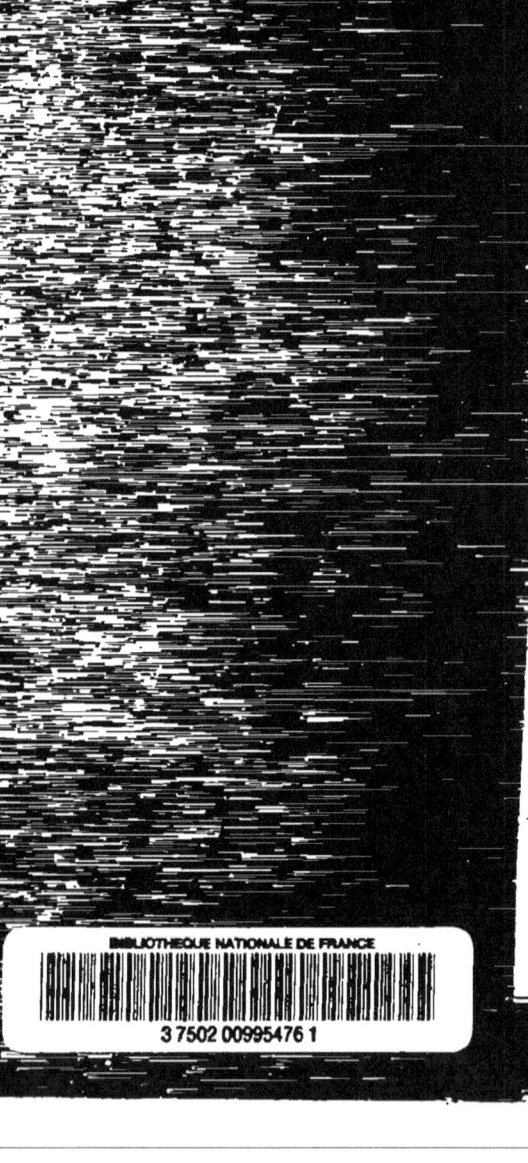

www.ingramcontent.com/pod-product-compliance
Lightning Source LLC
LaVergne TN
LVHW020108100426
835512LV00040B/1930